a Romina...

Introduzione a cura dell'autore

Capitolo I
I sotto parametri da non dimenticare; quando usarli e perché?
-il contrasto
-la nitidezza
-la saturazione
-il bilanciamento kelvin
-la correzione del colore

Capitolo II
Buone abitudini da rispettare
-il respiro & la postura

Capitolo III
Iso vediamoci chiaro
-Corretto impiego degli iso

Capitolo IV
fuoco continuo, diaframma ed iperfocale
-Fuoco continuo perché? Fast-tracking, e campo nitido
-Diaframma fino a quanto spingerlo?

GUIDA SEGRETA

PER

ASPIRANTI

PHOTOREPORTER

di

Manuele
Malacarne

Premessa

Questo volumetto è indicato come integrazione vitaminica per una regolare dieta fotografica; un concentrato di esperienza maturata in tanti e tanti foto-reportage, utile per coloro i quali nell'atto di fotografare si trovino talune volte dinnanzi a difficoltà semplici da superare ma alle volte difficili da decodificare.

E' indicato a tutti coloro la cui fotocamera è fissa da anni immemori sulla modalità M (manuale), ed il cui salvataggio dati è rigorosamente e soltanto in RAW.

Nelle pagine seguenti saranno trattati diversi accorgimenti complementari ai classici 3 parametri (tempo di posa, diaframma ed iso) poiché questi accorgimenti sono fondamentali per portare a compimento il nostro operato, per correggere e per dare quell'espressione e quella profondità che cerchiamo nei nostri scatti.

Approfondendo di più è possibile dire che niente è più semplice di scattare una fotografia come è giusto dire che niente può essere più difficile al contempo.

Per ottenere dalla propria fotocamera ciò che si vuole le regole sono 3:

1-Bisogna immaginare la foto

2-Bisogna pensare la foto

3-Bisogna ottenere la foto che si è immaginati

Immaginare la foto
Senza spendere troppe parole in merito, ogni fotografo sa cosa significa immaginare una foto; perché immaginarla per un fotografo significa desiderarla. Allora anziché procedere per tentativi anche ostinati per poi abbandonare la nostra foto dei desideri è meglio dunque passare allo step successivo; la regola numero 2

Pensare la foto
Questa regola è la più difficile ed anche quella che per vastità di possibili combinazioni ed argomentazioni è difficilmente riassumibile con poche parole.
Pensare la foto significa progettarla partendo da zero, ragion per cui ciò che abbiamo immaginato e desiderato è un immagine che può essere opaca nella nostra mente ma se ci concentriamo quasi in stato di meditazione foto-zen possiamo vederla meglio. Possiamo vederne innanzitutto i colori; se sono caldi, freddi, se sono sia caldi che freddi, se sono vividi o pastello o se non ci sono proprio. Possiamo vedere ciò che si vede ovvero se c'è un soggetto o se è un paesaggio, possiamo vedere fin dove il nostro occhio si spinge a riconoscere punti nella foto o se il nostro

occhio si perde in un ambiente sospeso.
Una volta che avremmo pensato com'è
veramente la nostra fotografia che desideriamo
non ci rimane che la regola numero 3.

Ottenere la nostra foto.
Avendo chiaro in mente cosa vogliamo è
adesso il momento di realizzarlo e qui è
importante il nostro know-how sul mezzo che
usiamo. C'è bisogno di tutta la nostra
competenza nell'uso dello strumento che
abbiamo fra le mani e delle possibilità che esso
offre. Allora non c'è preset che tenga.
Tempo di posa, e diaframma assumono la
stessa importanza dei gradi Kelvin, del
contrasto, della nitidezza, della saturazione,
della focheggiatura e della correzione del
colore poiché ogni parametro concorrerà a dare
alla luce il nostro scatto dei sogni, in quella
sinergia ottimale che conferisce un valore
maggiore ad ogni cosa.
Per concludere questa premessa non posso
esimermi dal fare una citazione che sembra
descrivere non soltanto la poesia ma ogni cosa
viva sulla terra.
<<Poesia è soltanto quando la forma è
consunstanziale all'intuizione>>. *Francesco De
Sanctis*

I

I sotto parametri da non dimenticare, quando usarli e perché?

Il contrasto

In ottica il contrasto è il rapporto che intercorre fra il punto più luminoso(bianco) ed il punto più scuro (bistro). All'aumentare di questo rapporto gradualmente le scale di grigio verranno eliminate fino ad ottenere un immagine monocromatica al contrario invece l'immagine subirà un appiattimento fino al grigio.

Il contrasto è un parametro fondamentale per tante applicazioni. Nelle foto di paesaggio è conveniente abbassarlo per ottenere dettagli maggiori che andrebbero persi nelle ombre. Nelle foto di ritratto senza flash può essere altrettanto fondamentale portarlo al minimo per appiattire le ombre che si creano per la naturale morfologia del viso umano.

E' moda oggi fare foto in hdr e niente è meglio per questa tecnica che lavorare a contrasto basso (generalmente -3) .

Oserei dire che di base è preferibile scattare sempre con il contrasto al minimo. Ma quando aumentarlo?

Nelle foto in cui l'importanza maggiore l'hanno le silouette o in cui le ombre devo essere scure e non trasparenti allora quello è il momento in cui aumentarlo.

La nitidezza.
In questo paragrafo tratteremo la nitidezza non intesa nella sua accezione ottica ma esclusivamente come parametro di settaggio della fotocamera.
Questo parametro ci permette di fare si che i bordi degli oggetti che fotografiamo vengano più calcati e messi in risalto. Questo parametro è funzionale ad esempio alle foto di paesaggio che presentano una skyline composta di tanti palazzi che devono, in uno scatto iperfocale, essere più marcati e distinguibili l'uno dall'altro quindi come parametro è funzionale in combinazione con il fuoco continuo e con l'apertura del diaframma; in quanto se lavoriamo con diaframma aperto 1.8 la nitidezza dovrà essere settata a -3 per far si che lo sfocato di sfondo sia il più morbido possibile.
Di conseguenza con un apertura di 14 la nitidezza dovrà essere portata al massimo +3. Un problema nel lavorare con la nitidezza al massimo è riscontrabile nel fenomeno di aliasing per cui potremmo ritrovarci delle foto con i bordi talmente marcati da essere sdoppiati. Quindi il consiglio è procedere con

cautela e quando l'aliasing è evidente portare la nitidezza a +2 o +1.

La Saturazione

Questo parametro che al momento tratteremo con poche righe diventerà nelle pagine successive parte di un argomento più ampio. Comunque sia esso riguarda l'intensità dei colori.

Il bilanciamento Kelvin

Fondamentale per quanto riguarda le regole dalle quali siamo partiti è bilanciare la temperatura del colore da soli attraverso la scala dei gradi kelvin che ci permetterà di rendere più calda e più fredda la nostra immagine. Le fotocamere offrono tanti preset ed anche funzioni per il bilanciamento one-shoot che non ci forniranno mai i risultati che cerchiamo. Bilanciando da noi stessi ed avendo anche come altro setting il contrasto al minimo potremmo con un po di attenzione e di occhio ottenere le superfici toccate dal sole calde sul giallo e le ombre trasparenti tendenti al blu. Ottenere questo è importante poiché in tal modo riusciremo a salvare nella nostra foto tutte le informazioni che potremmo sognare di avere nei pixels dell'immagine.
Nella fotografia comunque vince la capacità di

sapersi adattare alla luce poiché fotografare in esterni non avrà mai lo stesso risultato in giorni diversi. Quindi non esisteranno mai parametri fissi da usare in determinati momenti e situazioni. Esistono regole generali alla quali attenersi e attraverso le quali muoversi.
I kelvin ci permettono di incidere direttamente sulle direttrici dei colori ambra e blu.
Alcune persone scattando di notte lamentano spesso un incidenza di tonalità rosso-ambra che sporcano la foto e questo è uno di quei casi in cui agire sulla scala ed abbassarla anche fino al minimo se necessario.

La correzione del colore
Quasi di pari-passo con il bilanciamento Kelvin, la correzione del colore offre la possibilità di correggere le tonalità che vanno dal verde al magenta. Essa è sicuramente di uso meno consueto del bilanciamento kelvin ma è fondamentale per correggere o ampliare delle gamme di colori importanti che sono utili per dare forza a determinati soggetti fotografici come ad esempio i tramonti. Anche nelle foto in notturna può capitare di dover correggere per eliminare dominanti di luce verdognola aumentando la gamma magenta.
Combinando Kelvin e correzione colore potremmo comunque ottenere dei risultati

interessanti e tonalità inconsuete che possono far parte dei nostri intenti come ad esempio una dominante rosa-viola della luce.

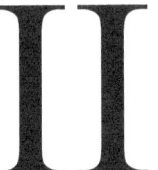

Buone abitudini da rispettare

Il respiro e la postura
Attraverso una discreta fotocamera con un buon stabilizzatore sul sensore e delle buone abitudini è possibile riuscire ad ottenere una fotografia a tempi lentissimi fino ad 1/8s che non presentano effetto mosso.
Cominciando dal basso, le gambe non devono mai essere parallele ma sempre un piede davanti l'altro. Questo è fondamentale per non avere dondolii con il corpo. Per quanto riguarda le braccia i gomiti debbono essere rigorosamente incollati al costato. Queste sono buone abitudini da prendere in automatico per fotografare al meglio.
Al momento dello scatto e durante gli attimi precedenti e successivi è necessario obbligarsi a non respirare.
Mai premere il pulsante di scatto con troppa forza ed usare l'autoscatto a due secondi anziché il proprio dito per il click.
Se fortunatamente ci troviamo vicino un muro, un albero, un palo poggiamoci ad esso con la spalla per riuscire ad essere quasi fermi.

Ora dopo questo "hagakure" fotografico saremmo perfetti e disciplinati samurai pronti nell'intento miracoloso di ottenere una fotografia ferma ad 1/8 di secondo.

Qualcuno potrebbe sollevare la questione che anziché far questo ci si potrebbe affidare ad un cavalletto ma la legge vieta l'uso del cavalletto se non dietro preventiva richiesta di occupazione di suolo pubblico alle autorità competenti.

Esistono in commercio anche dei cavalletti mono-gamba ed anche dei "stabilizzatori a filo" ma i risultati di un fotografo spesso premiano colui che riesce a muoversi il più leggero possibile ed a fotografare bene quando serve.

Quindi fotografo e fotocamera ,prontezza, capacità di osservazione e le idee chiare in un una photo-session faranno la differenza rispetto a colui che si muoverà con 500kg di attrezzatura a dorso di somaro.

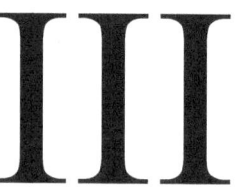

Iso, vediamo chiaro.

Corretto uso degli iso
Per tutti coloro che si devono trovare ad
affrontare al meglio ogni condizione
fotografica e che non trovano soddisfazione
nell'uso di flash o lampeggianti;la sensibilità
iso con il suo giusto impiego offre sofisticate
soddisfazioni.
La prima cosa importante è che gli iso alti da
usare sono al massimo i primi 3-4 step ad es. su
scala dai 200 in su mai spingersi più in alto dei
1600 iso anche se la fotocamera arriva a
256000 iso poiché sopra il terzo quarto step
l'immagine risulterà inevitabilmente troppo
degradata anche per poterci mettere sopra le
mani in post produzione.
Per ottenere un buon lavoro con gli iso alti
valgono tutte le regole dei sotto parametri di
cui avevamo parlato nei capitoli precedenti.
E' buon uso lavorare con la saturazione al
massimo quando si aumentano gli iso cosicché
la grana venga assimilata il più possibile dalla
saturazione mostrando meno rumore.
Trovandoci in questi casi al 90% delle volte in
condizioni di scarsa illuminazione sicuramente
dovremmo abbassare i Kelvin per freddare la
temperatura e agire sulla correzione del colore
per sistemare le tonalità delle luci ambientali.

IV

Fuoco continuo, diaframma e iperfocale.

Fuoco continuo perché?
Fast-tracking e campo nitido.

Il fuoco continuo si può usare principalmente in due casi; quello nel quale dobbiamo seguire un soggetto (ad.es panning) o quando dobbiamo sfruttare tutto il campo nitido possibile (iperfocale).
Consiglio comunque di usarlo quasi sempre come allenamento per padroneggiare lo strumento che abbiamo fra le mani tanto da comprendere meglio i tempi di focheggiatura dell'obiettivo e per diventare tutt'uno noi e la fotocamera.
Usarlo in qualsiasi occasione produrrà delle fotografie di mezzobusto che spesso non rispecchiano al massimo la regola dei terzi ma questo è un vantaggio poiché per tutti coloro che come me sono nati in occidente il triangolo aureo é ormai insito nel nostro dna cosi tanto che quando vediamo foto di persone e culture lontane ci stupiamo come riescano ad ottenere prospettive tanto inconsuete e belle. Quindi alle volte è giusto anche forzarsi a "sbagliare" accidentalmente per scrollarsi di dosso quella che per un occidentale è una tara ovvero la

regola dei terzi.

Diaframma fino a quanto spingerlo?

Quanto è possibile chiudere il diaframma? La
risposta è che il diaframma è possibile
chiuderlo fino al suo massimo.
Tante scuole di fotografia troppo spesso
esprimono concetti che non posseggono: ad.es
la diffrazione e spiegano che questo fenomeno
ottico capita se noi chiudiamo al massimo il
diaframma e mai nulla fu più sbagliato!
La diffrazione è un fenomeno ottico che
riguarda una singola lunghezza d'onda (ovvero
una singola tonalità di colore fra i milioni di
colori che compongono la nostra fotografia) in
virtù di ciò qualora si realizzasse avremmo un
disco di Airy
(per via del diaframma circolare) che sarebbe
quasi impossibile da riconoscere ad occhio
nudo in una fotografia tanto cromaticamente
complessa.
L'unico fenomeno ottico spesso confuso con il
disco di Airy è il circolo di confusione (l'oro
dei cretini). L'occhio umano è in grado di
risolvere due punti ad una distanza di 0,2
nanometri ad una risoluzione maggiore l'occhio
non distingue più la distanza di due punti dando
un effetto particolare ed è ciò che possiamo

notare facendo una foto ad.es a delle righe; ingrandendo o allontanando l'immagine prima o poi ci sembrerà che le righe siano confuse quasi in movimento.

Premesso tutto ciò dunque quando chiudere il diaframma è troppo? Ebbene un esempio classico è mentre scattiamo in iperfocale un paesaggio che ha nei nostri pressi dei dettagli (Oggetti) vicini a noi allora chiuderlo troppo ci porterebbe ad avere un panorama in lontananza risolto e dei dettagli vicini sfocati...E' sempre buona prassi trovare il giusto equilibrio in tutte le cose.

V

Sconsigli per gli acquisti

Stabilizzatore ottico vs sensor-shift

Per esperienza diretta mi trovo spesso a sconsigliare i stabilizzatori ottici che promettono cose che non offrono se non forse per quanto riguarda ottiche ultra-professionali dai prezzi proibitivi ma questo non lo saprò mai ne io ne tanto meno voi miei amici lettori.
I vantaggi dello stabilizzatore sensor-shift sono molteplici il primo di tutti è che lo stabilizzatore sul sensore funziona per davvero, sempre ed al 100% dei casi.
Il secondo che tutti dicono sia un vantaggio in realtà è una menzogna ovvero che con lo stabilizzatore sul sensore le ottiche costano meno ma in verità i prezzi sono sempre i medesimi.
Esistono in commercio anche stabilizzatori sul sensore che permettono di selezionare volendo il singolo asse di stabilizzazione sul quale far oscillare il sensore ma tuttavia esso è applicabile a ben poche e circoscritte situazioni.
Per quanto riguarda il panning non ho mai avuto nessun problema a farne di ottimamente riusciti con lo stabilizzatore su ON, quindi mai diffidare delle tecnologie che ci permettono dei

grandi vantaggi.

Altri sconsigli per gli acquisti

Mai comprare una fotocamera per le funzioni aggiunte che offre poiché nell'80% dei casi sono funzioni che la macchina produce soltanto in jpeg e non in raw e tra l'altro...noi vogliamo scattare fotografie soltanto in manuale!
Mai comprare fotocamere entry-level, mai comprare entry-level e semi-pro se non vogliamo ritrovarci in mano delle fotocamere limitate sui tempi veloci o limitate sul bilanciamento del bianco o limitate sulla correzione del colore o su qualcos'altro.
Mai comprare zoom troppo spinti che non hanno un motore di messa a fuoco ultra-sonico se non vogliamo ritrovarci ad.es con un 70-300 che impiega quasi un minuto per mettere a fuoco ciò che vogliamo facendoci perdere l'attimo prezioso.
Se ci interessa fare foto di reportage fra la performance e lo sport é necessario cercare di comprare una fotocamera che abbia una memoria di buffer capiente poiché avere una fotocamera con una raffica di 24 scatti al secondo con un buffer lento ci impallerà la registrazione delle immagini dopo la raffica facendoci perdere tempo ed attimi preziosi.

VI

Consigli per gli acquisti.

suggerimenti

Siete pronti dunque ad avere un approccio fotografico professionale non avendo però le tasche piene?

Dunque i miei consigli potranno esservi utili. Innanzitutto nel comparto semi-pro di tutte le case produttici minori potrete sempre trovare un ottima fotocamera completa e scattante.

Per quanto riguarda gli obiettivi: il 55-200 sarà l'ottica che più utilizzerete in ogni occasione. Poiché sono i più economici e funzionali in quanto l'estensione di lunghezza focale permette al motore autofocus non ultra sonico di mettere a fuoco sempre velocemente senza farci perdere attimi preziosi.

Per quanto riguarda le ottiche fisse, queste sono sempre di ottima fattura consiglio comunque di prenderne sempre con diaframma di 1.8 o inferiore per avere anche un obiettivo il più luminoso possibile che permetta un bouquet sfocato ottimo.

Per quanto concerne i grandangoli non ce ne saranno mai a buon mercato quindi dovremmo essere disposti ad avere un impegno economico importante anche perché non c'è nessuna ottica addizionale da montare su obiettivi standard che possa reggere il confronto con un vero obiettivo fish-eye.

Per quanto riguarda l'acquisto di accessori non comprarne mai di "marca" se non si vuole buttare al vento i soldi ma rivolgersi sempre ad internet ed a mercati esteri.

VII

Consigli per la foto-manipolazione.

Camera oscura digitale.
Parlando del principale software di foto-
manipolazione in commercio dopo aver
caricato i nostri raw nel software di camera
oscura potremmo completare la nostra opera
con un editing a genio.

I consigli sono quelli di manipolare
direttamente da qui per ottenere. delle hdr
semplicemente agendo, su questi parametri:
tirando al massimo luce schiarita e recupero
(ovviamente al massimo è una linea generale
queste manipolazioni vanno fatte in base a
quale compensazione richiede ogni singola
fotografia). Abbassare il contrasto e aumentare
parecchio la vividezza. Possiamo agire sui
colori aumentando la vividezza e riducendo la
saturazione fino ad avere colori impercettibili
che recupereremo agendo e aumentando la
regolazione dei neri.

Ora traslasciamo il comparto "base" del
software e spostiamoci di due più avanti nel
comparto "Nitidezza" . Qui aumentiamo al
massimo il fattore nitidezza e per recuperare il
disturbo generato da una cosi grande
risoluzione aumentiamo di poco (ingrandendo
l'immagine per vedere se i pixels ritornano ad
essere omogenei) la riduzione disturbo.

Fatto questo avremmo un immagine con un hdr di base pronta ad essere caricata nel software di manipolazione vero e proprio. Prima di ciò possiamo agire ancora su altri parametri come i singoli colori per correggerli sull'esposizione ed ogni cosa sia utile.
Per terminare aggiungere una vignettatura dal comparto correzioni lente/manuale/qui agire sulla quantità vignettatura.

Foto-manipolazione
una volta caricata la nostra foto è necessario duplicare il livello poi andare su filtri/altro/accentua passaggio ed impostarlo a 4 per foto con risoluzione di 240dpi (o comunque regolarsi affinché il soggetto e i bordi nell'anteprima in grigio vengano ben marcati. Una volta fatto ciò sulla barra dei livelli selezionare luce vivida ed unire i livelli visibili In questo modo abbiamo incrementato la nitidezza della nostra immagine in modo assoluto. Un avviso ai naviganti questo mio esempio è uno standard per una fotografia al minimo iso nel mio caso 200 con 240dpi. Al variare di questi parametri dovranno essere più sensibili e diversificate le nostre operazioni. Detto questo non ci rimane che selezionare aree da sfocare di più o da ritoccare con gli elementi base del software e se vogliamo esagerare ci

sono degli ottimi plugin che permettono di operare direttamente sulla struttura delle immagini senza andare a creare grane di rumore sgradevoli come quelle generate dai plugin per hdr.

VIII

Consigli per la stampa

stampa
Purtroppo nessun service di stampa che io ho avuto il piacere di conoscere da quello più economico a quello più specializzato nella fine-art vi stamperà mai una fotografia con il profilo di stampa impostato da voi e con la correzione cmyk che voi avrete operato. E' una triste, tristissima realtà ma è cosi a meno che non abbiate spazio e denaro per acquistarvi il vostro plotter personale dovrete inginocchiarvi ai parametri che chiunque stampa vi chiederà:

Spazio colore: srgb 8bit/canale
File: jpeg o tiff
Risoluzione: 254 dpi

Detto questo non mi rimane che salutarvi e ringraziarvi per aver letto questo libro con la speranza che facciate buon uso dei consigli riscontrandone benefici.
Buone Foto

Manuele Malacarne

Biografia

Manuele Malacarne nasce a Roma il 2 gennaio 1982 dopo aver completato la maturità classica è stato sempre impegnato in lavori di varia natura sempre implicato nell'altalena del contratto a progetto senza mai aver conosciuto il brivido delle ferie, della tredicesima, della quattordicesima, della liquidazione o della cassa integrazione.

Nel 2010 lavora come tecnico addetto alla microscopia confocale presso importantissimi centri di ricerca di neurobiologia e medicina molecolare.

Al termine di questa esperienza decide di usare l'ampio bagaglio di fisica ed ottica accumulato applicandolo nell'arte fotografica.

Dal 2011 partecipa a varie competizioni fotografiche che ne riconoscono il talento e le capacità.

Senza aver la possibilità economica di poter sviluppare la propria passione in un ambito più professionale lavora come cameriere a Roma.

Per info e contatti:

nuvoledimusica@gmail.com

oppure

seguimi su facebook:

Manuele Malacarne Foto d'Autore

Immagine di copertina "Un passaggio ad est" di Manuele Malacarne copyright Manuele Malacarne

www.ingramcontent.com/pod-product-compliance
Lightning Source LLC
Chambersburg PA
CBHW072306170526
45158CB00003BA/1206